그림으로 읽는
제2차 세계대전 ⑧

일본의 남방 작전과
태평양 전역 1

第二次世界大战史连环画库 23, 24

Copyright © 中国美术出版总社连环画出版社, 2015; 绘画: 陈玉先 等
Korean translation copyright © Korean Studies Information Co., Ltd., 2016
Korean translation rights of 《History of World War II》 (33 Books Set)
arranged with China Fine Arts Publishing Group_Picture-Story Publishing House directly.

그림으로 읽는
제2차 세계대전 ⑧

초판인쇄 2016년 10월 10일
초판발행 2016년 10월 10일

글 자오리성趙力生, 우화武華
그림 쑹젠서宋建社, 자오핑昭平, 룽성龍生, 샤오치曉琦
옮긴이 한국학술정보 출판번역팀
번역감수 안쉐메이安雪梅

펴낸이 채종준
기 획 박능원
편 집 박미화, 이정수
디자인 이효은
마케팅 황영주

펴낸곳 한국학술정보(주)
주소 경기도 파주시 회동길 230(문발동)
전화 031 908 3181(대표)
팩스 031 908 3189
홈페이지 http://ebook.kstudy.com
E-mail 출판사업부 publish@kstudy.com
등록 제일산—115호 2000. 6. 19

ISBN 978-89-268-7482-0 94910
       978-89-268-7466-0 (전 12권)

그림으로 읽는
제2차 세계대전 8

일본의 남방 작전과 태평양 전역 1

글 · 자오리성(趙力生) 외
그림 · 쑹젠서(宋建社) 외

이담
Books

전역별
지도

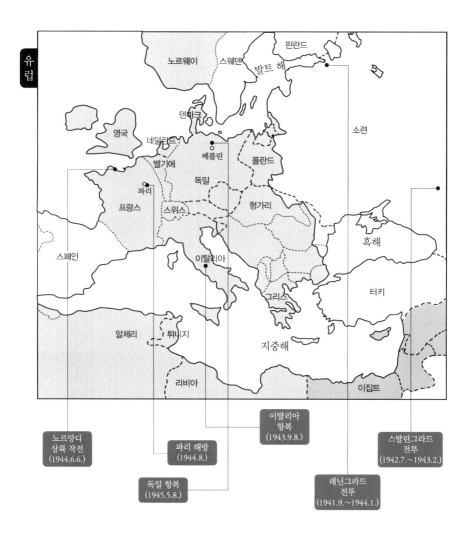

유럽

노르웨이　스웨덴　핀란드
발트 해
덴마크
영국　네덜란드
벨기에　베를린　폴란드
파리　독일
프랑스　스위스　헝가리
스페인
이탈리아
그리스
알제리　튀니지
리비아
지중해
소련
흑해
터키
이집트

노르망디
상륙 작전
(1944.6.6.)

파리 해방
(1944.8.)

독일 항복
(1945.5.8.)

이탈리아
항복
(1943.9.8.)

레닌그라드
전투
(1941.9.~1944.1.)

스탈린그라드
전투
(1942.7.~1943.2.)

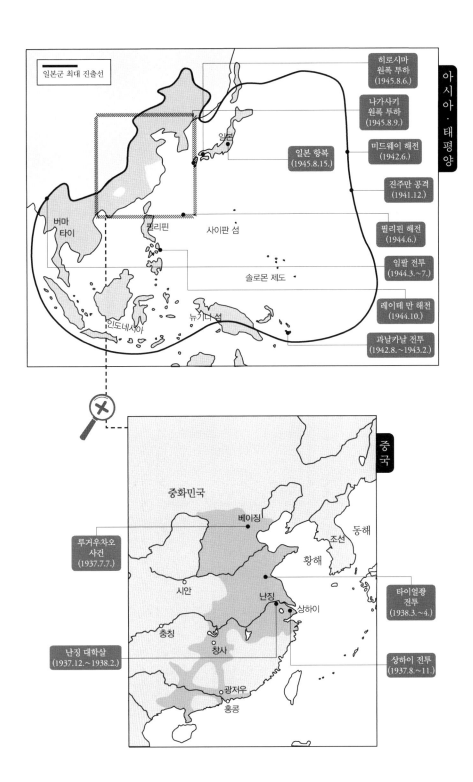

일본군 최대 진출선

아시아·태평양

히로시마
원폭 투하
(1945.8.6.)

나가사키
원폭 투하
(1945.8.9.)

미드웨이 해전
(1942.6.)

일본 항복
(1945.8.15.)

진주만 공격
(1941.12.)

필리핀 해전
(1944.6.)

임팔 전투
(1944.3.~7.)

레이테 만 해전
(1944.10.)

과달카날 전투
(1942.8.~1943.2.)

일본

버마
타이

필리핀

사이판 섬

솔로몬 제도

인도네시아

뉴기니 섬

중국

중화민국

베이징

동해

조선

황해

루거우차오
사건
(1937.7.7.)

타이얼좡
전투
(1938.3.~4.)

시안

난징

상하이

난징 대학살
(1937.12.~1938.2.)

충칭

창사

상하이 전투
(1937.8.~11.)

광저우

홍콩

머
리
말

1945년 9월 일본 군국주의의 '무조건 항복'으로 막을 내린 제2차 세계대전이 종식된 지도 40여 년이 지났다. 세계대전이라는 대참사를 겪은 사람들 대다수는 피비린내 나던 그 세월을 잊을 수 없을 것이다. 제2차 세계대전은 유럽, 아시아, 아프리카, 오세아니아 등을 휩쓸었으며, 당시 전 세계 인구의 4분의 3에 달하는 20억 이상이 전쟁에 휘말렸다. 정확한 통계는 어렵지만, 사망자는 대략 5천만 내지 6천만으로 제1차 세계대전과 비교해서 4배가 넘었으며, 전쟁에서 소모되거나 파괴된 자산은 무려 4천억 달러에 이른다. 주요 전장(戰場) 중 한 곳이었던 중국은 일본 파시즘과의 장기전에서 커다란 희생을 치르고 마침내 승리할 수 있었다. 이 승리는 광명이 암흑을 몰아낸 승리이자 정의가 불의를 이겨낸 승리였는데 평범치 않은 역사에는 뒷사람들이 기리는 빛나는 사적과 더불어 몸서리쳐지는 잔혹한 범죄들도 존재했다. 오늘날 이 모든 것은 한 가닥 연기처럼 사라져 기억 속의 옛 자취가 되었다. 그러나 이러한 역사가 되풀이되지는 않을까? 또다시 똑같은 참사가 발생하지는 않을까? 이와 같은 고민은 전쟁의 상처를 고스란히 떠안은 우리 세대와 평화를 사랑하고 정의를 추구하는 개개인이 진지하게 심사숙고해야 할 문제이다.

중국연환화출판사에서 발간한 『제2차 세계대전사 연환화고(連環畵庫)』는 더 많은 독자가 제2차 세계대전의 전반적인 역사를 이해하기 쉽도록 풍부한 그림과 글로 세계대전의 전체 과정과 그중 중요한 전투를 재현했다. 일찍이 루쉰(魯迅) 선생이 '계몽의 예리한 도구'라 극찬한 연환화(連環畵)*는 중화인민공화국 수립 이후 지난 40년간 신속한 발전을 가져와 대중들에게 중요한 정신문화로 자리 잡았다. 독자층이 넓어지고 제재도 풍부해지면서 형식과 표현에서 진일보한 연환화는 예술적 감상과 오락적 기능을 넘어 지식을 전달하거나 교육 자료로 이용되는 등 여러 방면에서 활용되고 있다. 아무쪼록 본 시리즈가 독자들이 역사적인 사실을 배우고 이해하는 데 도움이 되길 바라며, 전쟁 도발자들의 추악한 면모와 야욕을 알고 평화와 정의를 수호하는 일이 얼마나 위대한 것인가를 깨닫기 바란다.

1989년 12월
장웨이푸(姜維朴)

---

* 연환화(連環畵): 여러 폭의 그림으로 이야기나 사건의 전체 과정을 서술하는 회화를 말하며 연속만화, 극화(劇畵)라고도 한다. 20세기 초 상하이에서 발전하기 시작했으며 문학작품을 각색하거나 현대적인 내용을 제재로 한다. 간단한 텍스트를 엮은 후 그에 걸맞은 그림들을 그리는데, 보통 선묘를 위주로 하며 간혹 채색화도 있다.

차례

2

연
표

1929년
- 10.24. 뉴욕 증시 대폭락으로 세계 경제대공황 시작

1931년
- 09.18. 만주사변(~1932.02.18.), 일본 승리

1933년
- 01.30. 히틀러, 독일 수상에 취임
- 03.04. 루스벨트, 미국 대통령에 취임

1937년
- 07.07. 루거우차오 사건(~07.31.), 일본 승리
- 08.13. 상하이 전투(~11.26.)
- 12.13. 일본의 난징 점령과 대학살(~1938.02.)

1938년
- 03.12. 독일, 오스트리아 합병
- 03.24. 타이얼좡 전투(~04.07.), 중화민국 승리
- 09.30. 뮌헨 협정(영·프·독·이)

1939년
- 03.15. 독일 체코슬로바키아 해체, 병합
- 08.23. 독일·소련 불가침조약
- 09.01. 독일의 폴란드 침공으로 제2차 세계대전 발발
- 11.30. 소련 – 핀란드 겨울 전쟁(~1940.03.13.)

1940년
- 05.10. 처칠, 영국 총리에 취임
- 05.26. 영·프 연합군의 됭케르크 철수(~06.03.)
- 09.27. 독일·이탈리아·일본 3국 동맹

1941년
- 06.22. 독일의 소련 침공으로 독소전쟁 발발
- 09.08. 레닌그라드 전투(~1944.01.27.), 소련 승리
- 12.07. 일본의 진주만 공습(태평양전쟁 발발)

1945년
- 02.19. 이오 섬 전투(~03.26.), 미군 승리
- 03.10. 미국의 일본 도쿄 대공습
- 04.01. 오키나와 전투(~6.23.), 미군 승리
- 04.28. 무솔리니 공개 처형
- 04.30. 히틀러 자살
- 05.08. 독일 항복
- 08.06. 히로시마 원자폭탄 투하
- 08.09. 나가사키 원자폭탄 투하
- 08.15. 일본 항복

1944년
- 03.08. 임팔 전투(~07.03.), 연합군 승리
- 06.06. 노르망디 상륙 작전
- 06.11. 사이판 전투(~07.09.), 미군 승리
- 06.19. 필리핀 해전(~6.21.), 미군 승리
- 08.26. 파리 해방
- 10.23. 레이테 만 해전(~10.26.), 연합군 승리
- 09.15. 펠렐리우 전투(~11.27.), 미군 승리
- 12.16. 벌지 전투(~1945.01.25.), 연합군 승리

1943년
- 09.08. 이탈리아 항복
- 11.22. 카이로 회담(1차 11.22.~26. / 2차 12.02.~07.)

1942년
- 01.31. 싱가포르 전투(~02.15.), 일본 승리
- 06.04. 미드웨이 해전(~06.07.), 미군 승리
- 07.17. 스탈린그라드 전투(~1943.02.02.), 소련 승리
- 08.07. 과달카날 전투(~1943.02.09.), 연합군 승리

더글러스 맥아더(Douglas MacArthur, 1880.1.26. ~ 1964.4.5.)

미국의 군인이자 정치가로 제1·2차 세계대전과 한국전쟁에서 활약했다. 제2차 세계대전 중인 1941년 7월 군에 복귀해 필리핀 주재 미국 극동군 사령관이 됐고, 이듬해 태평양 방면 연합군 총사령관으로 취임해 대일(對日) 작전을 지휘했다. 1945년 일본군을 격파하고 필리핀을 탈환했으며, 일본 항복 후 일본 점령군 최고사령관이 됐다. 1950년 6월 25일, 한국전쟁이 일어나자 국제연합군 최고사령관으로 임명됐고, 인천 상륙 작전을 감행해 전세를 역전시켰다. 그러나 트루먼 대통령과의 갈등으로 1951년 4월 11일 사령관 지위에서 해임됐다.

토머스 필립스

(Thomas Spencer Vaughan Phillips, 1988.2.19. ~ 1941.12.10.)

영국 군인으로 1941년 해군 대장으로 승진해 11월 싱가포르에 도착, 12월에 동양함대 사령관으로 취임했다. 태평양전쟁 초기 일본군의 남방 작전에 대응하고자 Z함대를 이끌고 싱가포르를 출항했지만, 일본 항공대의 공습을 받고 함대가 궤멸됐다. 그는 퇴함 요구를 거부하고 프린스오브웨일스호와 함께 바닷속으로 침몰해 전함과 운명을 같이했다.

야마시타 도모유키(山下奉文, 1885.11.8. ~ 1946.2.23.)

일본 육군 제25군 사령관으로 싱가포르 공략 당시 대활약을 해서 '말라야 호랑이'란 별명으로 불렸다. 군인으로서 역량은 뛰어났지만, 당시 일본 총리였던 도조 히데키의 견제로 한동안 좌천됐다. 1944년에 다시 제14방면군 사령관으로 임명돼 필리핀 방어전을 지휘했으나 연이은 패전으로 1945년 9월 연합군에 항복했다. 종전 후 전범으로 기소돼 필리핀 마닐라에서 사형 판결을 받고 처형됐다.

혼마 마사하루(本間雅晴, 1888.1.28. ~ 1946.4.3.)

일본 육군 지휘관으로 태평양전쟁에서 제14군 사령관이 되어 필리핀 점령에 큰 공을 세웠다. 1942년, 바탄 반도에서 연합군 포로들을 강제 이동시켰는데, 1만 명에 가까운 전쟁 포로들이 구타와 굶주림, 질병 등 일본군의 학대로 사망했다. 일명 '바탄 죽음의 행진'으로 불리는 이 사건으로 인해 마닐라 군사 재판에서 사형을 선고받고 총살형에 처해졌다.

1941년 12월 8일, 일본 제국주의는 미국의 진주만을 공격하는 동시에 극동에 위치한 영국의 식민지인 말라야와 싱가포르를 기습 공격한다. 일본군은 2개월이란 짧은 기간 동안 말레이 반도와 반도 남단에 있는 싱가포르 전체를 점령해 이후에 있을 침략 전쟁을 위해 기지를 탈취하고 유리한 공격 조건을 마련한다. 이로부터 태평양 지역 국가와 각 나라 국민에게는 엄청난 재난이 몰아닥친다.

글·자오리성(趙力生)
그림·쑹젠서(宋建社)

그림으로 읽는 제2차 세계대전 ⑧

일본의 남방 작전과 태평양 전역 1

일본의 말레이 반도 점령

1

1940년, 히틀러의 군대가 유럽을 휩쓸면서 영국, 프랑스, 네덜란드 등 국가는 전쟁에서 연패했으며, 이에 따라 그들이 아시아 각지에 갖고 있는 식민지 통치가 다소 약화됐다.

나치 독일의 아시아 동맹국인 일본은 독일이 유럽에서 계속 승승장구하는 데 고무돼 서양 국가가 자기 앞가림에 바쁜 틈을 타 그들의 아시아 지역 식민지를 빼앗으려 했다.

8월, 마쓰오카 요스케(松岡洋右) 일본 외무대신은 일본군이 중국 전장에서 곤경에 처해 있는 상황을 고려하지 않고, 이른바 '대동아공영권' 침략 계획을 내세워 중국과 동남아를 병탄하고 나아가 아시아와 서남태평양의 패권을 차지하려 했다.

일본 최고사령부가 제정한 태평양 작전 계획에 따라 진주만을 기습 공격하는 동시에 필리핀, 말라야를 공격하기로 했다. 말레이 반도 남부에 위치한 말라야는 태평양과 인도양 사이 주요 통로인 믈라카 해협을 통제할 수 있어 해군·공군의 교통 중심지로서 매우 중요한 전략적 위치에 있었다.

영국령 말라야 점령은 일본군 남방 작전의 중요한 부분으로 동남아시아에서의 영국 근거지 제거, 전진기지 마련이 주요 목적이었다. 이를 위해 일본 최고사령부는 사전에 간첩을 태국에 파견해 동남아 정보를 수집하고, 타이완(臺灣)에 정보기관인 '타이완 군전술부'를 세웠다.

1941년 초, 일본 타이완 군전술부의 아사에다 시게하루(朝枝繁春) 대위는 농업 기술자로 위장, 동남아 각국을 수차례 드나들며 간첩 활동을 했다. 수집된 정보를 바탕으로 일본군은 비밀리에 3개 사단의 군대를 조직해 중국 하이난 섬(海南島)에서 열대 밀림 작전 훈련과 모의 상륙 훈련을 진행하며, 열대 밀림에서의 전술을 연구했다.

1941년 6월 22일, 히틀러가 약속을 어기고 소련을 침공해 제2차 세계대전은 급격한 변화를 맞았고, 이에 따라 일본 정부와 군에서는 북진(北進)과 남진(南進)을 두고 의견이 분분했다.

마쓰오카 요스케 외무 대신과 일부 육군 장성들이 북진해 히틀러를 도와 소련을 공격한 다음 분할 점령하자고 주장하는 반면 해군은 남진해 일본에 필요한 석유 등 전략 자원을 손에 넣는 것이 급선무라고 주장했다.

7월 2일, 일본 천황은 대중국전쟁을 지속하는 것 외에 급선무는 남진이며, 이를 위해 영·미와의 대결도 서슴지 않을 것이라는 '제국국책 수행요령'을 결정했다.

일본이 침략 지역을 동남아로 확대함에 따라, 7월 26일 미국이 자국 내에서의 일본 자금 동결과 함께 석유를 포함한 모든 무역을 금지시켰고, 뒤이어 영국과 네덜란드도 동일한 조치로 일본에 대해 '경고'했다.

그러나 일본은 미국, 영국, 네덜란드 등 국가의 경고를 무시하고, 7월 28일 버젓이 프랑스령 인도차이나를 점령함으로써 남진을 더욱 서둘렀다.

이와 함께 일본 최고사령부는 태평양전쟁을 발동해 미국 진주만을 급습하는 동시에 5개월 내에 동남아 전부와 태평양 서반부의 광대한 지역을 점령해 일본을 중심으로 한 대동아공영권을 구축하려 했다.

11월 5일, 전쟁 준비를 끝마친 일본군은 12월 초에 미국, 영국, 네덜란드와의 전쟁을 발동하기로 결정했다. 이러한 계획을 숨기기 위해 일본 도조 히데키(東條英機) 내각은 구루스 사부로(來栖三郎)를 워싱턴에 특사로 파견해 거짓으로 미국과 평화회담을 열도록 했다.

11월 중순, 일본 최고사령부는 비밀리에 야마시타 도모유키(山下奉文) 대장을 말라야와 싱가포르를 공격하기 위한 일본 제25집단군의 사령관으로 임명하는 즉시 사이공으로 보냈다.

주변의 관심을 피하기 위해 야마시타 도모유키는 예모(禮帽)에 기모노 차림으로 마치 평화의 사자인 양 사이공에 도착했다. 그러나 그의 은밀한 행동과 뒤따르는 많은 수행원들은 여전히 사람들의 주의를 끌었고, 사람들은 그를 '복면장군'이라 불렀다.

야마시타가 사이공에 도착해서 얼마 후 그 수행원들은 고무농장에 가서 조사하고 말라야에 쳐들어갈 때 고무나무 숲에서 어떤 작전을 펼칠지를 논의했다.

조사와 논의를 거쳐, 야마시타는 말레이 반도의 일본군 상륙 지점을 태국의 송클라와 빠따니 그리고 말라야의 코타바루 등 3군데로 정했다. 상륙한 후 계속 남진해 영국의 극동 전략 거점인 싱가포르를 배후에서 공격하기로 했다.

당시 말레이 반도에 주둔하고 있던 영국군 장성들은 일본군이 공격할 것을 눈치 챘지만, 동북 계절풍이 부는 시기의 반도 동부는 바람이 세고 파도가 심하므로 일본군이 남중국해와 샴 만을 거쳐 남하해 전쟁을 일으킬 가능성은 거의 없다고 오판했다.

그러나 영국 주둔군 사령부는 늘 하던 대로 '투우사 작전'을 수립해, 만약 일본군이 공격하는 경우 먼저 케라 지협 부근의 태국·말라야 변경 비행장을 점령해 일본군의 공격을 저지하기로 했다.

10월 2일, 키가 작아 '엄지장군'으로 불리는 영국 해군 부참모장 필립스 상장이 영국에서 가장 좋은 신형 전함 프린스오브웨일스호와 리펄스호를 이끌고 싱가포르에 와 영국 극동함대를 구성해 일본 해군을 위협했다.

12월 4일, 일본군 첫 번째 상륙부대 2만 6천 명이 야마시타의 지휘 아래 중국 하이난 섬 싼야(三亞) 만에서 비밀리에 승선해 말레이 반도로 항해해 갔다.

12월 6일, 샴 만 상공에서 정찰하던 영국군 정찰기가 말레이 반도로 다가오는 일본군 수송 함대를 발견하고 즉시 무전으로 영국군 사령부에 보고했다.

필립스는 즉시 투우사 작전 실행을 주장했으나 퍼시벌 육군 사령관은 일본군이 태국의 중립을 깨뜨리기 전에 국경을 넘는 것을 꺼렸기에 영국군은 사태의 추이를 지켜보기로 했다.

12월 8일 동틀 즈음, 일본 함대는 말라야의 코타바루 해안에 맹렬한 포격을 퍼부었고, 제18사단 5천여 명이 일렁이는 파도를 무릅쓰고 물밀 듯이 코타바루 해안가에 상륙했다. 이는 일본군의 진주만 급습보다 2시간 빨리 시작된 상륙전이었다.

일본군은 상륙하자마자 영국군 진지에 맹공격을 퍼부었고, 이를 당해내지 못한 영국군은 결국 철수했다. 저녁 무렵, 일본군은 코타바루 비행장을 점령했다.

빠따니를 공격하던 또 다른 일본군은 일본 간첩 아사에다 시게하루 소령의 지휘 아래 그 자신이 태국에서 간첩 활동하면서 봐 두었던 상륙 지점으로 향했다. 그러나 병사들이 상륙을 위해 물에 뛰어든 순간 바닥이 질퍽거리는 진창에 빠져들었고 많은 이가 이곳에서 목숨을 잃었다.

몇 시간의 사투를 거쳐 겨우 단단한 모래사장에 기어오른 일본군은 또다시 현지 주둔군의 맹공격을 받았다. 일본군은 전차의 엄호를 받아 태국 병사들을 겨우 물리치고 서남 방향의 말라야·태국 변경으로 쳐들어갔다.

이때, 야마시타 사령관 휘하의 또 다른 일본군은 간첩 활동을 하던 주송클라 일본 영사관 직원의 도움으로 순조롭게 송클라에 상륙했다. 일본군은 태국 변방 경찰의 공격을 물리치고 말라야·태국 변경을 따라 서부 해안으로 진격했다.

일본군이 각 상륙 지점에 상륙한 것과 동시에 일본 공군은 말라야와 싱가포르에 있는 영국군 비행장에 융단 폭격을 가했다. 이틀간 공중전을 치르는 동안 막대한 손실을 입은 영국 공군은 싱가포르로 철수했으며, 말라야의 제공권은 일본군이 장악하게 됐다.

태국에 상륙한 일본군을 포격하기 위해 영국 해군 필립스 사령관은 프린스오브웨일스호와 리펄스호 전함 및 구축함 4척으로 구성된 Z 함대를 이끌고, 8일 저녁, 흐린 날씨를 방패삼아 싱가포르 항을 떠났다.

12월 9일, 일본군 잠수정 1척이 조용히 샴 만으로 다가오는 영국군 Z 함대를 발견하고 즉시 사이공 일본 공군사령부에 보고했다. 예전부터 프린스오브웨일스호를 격침시키고 싶어 했던 일본군 지휘관들은 그의 출항 소식에 미리 축배를 들었다.

저녁 무렵, 사이공 일본군 제22항공부대 사령관 마츠나가(松永) 소장은 원래 싱가포르를 폭격하려던 폭격기의 폭탄을 어뢰로 바꾸고 샴 만 남쪽으로 날아가 Z 함대를 찾으라고 명령했다. 그러나 폭격기는 망망대해에서 함대의 위치를 찾지 못하고 한밤중에 사이공 기지로 되돌아왔다.

한편 바다에서 항행하던 영국 Z 함대의 필립스 사령관은 이튿날 아침 일본 비행기가 증원해 오기 전에 일본 함대를 만나 속전속결하려 했다. 그는 함대 전체에 항시 전투 대기를 지시했다. "적을 보면 포격하고 포격하면 반드시 격침시켜야 한다."

저녁 무렵, 북쪽으로 나아가던 Z 함대는 상공에서 비행기 3대가 날아가는 것을 발견했다. 필립스는 적군이 자신들의 행적을 발견해 불시에 습격하려던 계획이 수포로 돌아갔다고 여기고, 일본 비행기의 공격을 피하기 위해 함대에 급히 회항하라고 명령했다.

이때, 일본군의 폭격과 상륙에 크게 당황한 영국군 사령부는 일본군이 콴탄에도 상륙할 것으로 판단하고 급히 남쪽으로 회항하는 필립스에게 알렸다. 무전을 받은 필립스는 상륙하는 일본군에 치명적인 타격을 입힐 기회를 잡기 위해 즉시 함대의 진행 방향을 콴탄으로 돌렸다.

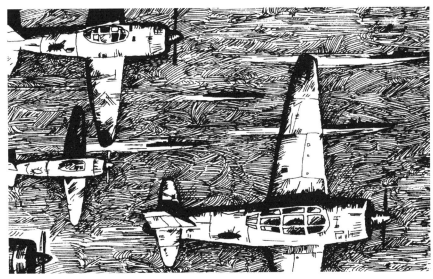

10일 아침, 콴탄 만에 도착한 Z 함대는 그제서야 일본군이 그곳에 상륙하지 않았음을 알았다. 필립스는 급히 항구에서 나와 계속해서 싱가포르로 회항할 것을 명령했다. 이때 다시 Z 함대를 찾고 있던 일본 비행기 85대가 함대를 발견하고 일본군 조종사들은 그들을 향해 돌진했다.

전함 프린스오브웨일스호의 고사포 175문은 일본 비행기를 향해 맹렬하게 불을 뿜었고,
기타 전함도 연이어 포격하면서 촘촘한 방공(防空) 화력망을 이루었다.

일본 비행기는 방공 화력망을 뚫고 프린스오브웨일스호와 리펄스호를 향해 폭탄과 어뢰
를 줄줄이 투하했다.

리펄스호가 어뢰 공격을 피하자마자 곧이어 폭탄에 명중돼 커다란 불길이 치솟아 올랐다. 테넌트 함장은 급히 수병들을 지휘해 불을 끄고 싱가포르 영국군 사령부에 "회항 도중 일본 비행기에 피습, 긴급 지원 요청"이라는 긴급 무전을 보냈다.

프린스오브웨일스호는 일본 비행기에서 투하된 줄폭탄을 피했으나 좌현이 어뢰 2개에 동시에 명중됐다. 맹렬한 폭발과 함께 프린스오브웨일스호는 좌측으로 기울기 시작했다.

프린스오브웨일스호의 손상이 심해 통제할 수 없게 되자 울리히 함장은 깃대에 구조 요청 신호인 신호 구(球)를 내걸라고 명령했다. 리펄스호의 테넌트 함장은 급히 군함을 움직여 프린스오브웨일스호를 구조하기 위해 다가갔다.

이때, 또 다른 일본 비행기 무리가 급강하해 내려오다가 선두에 있던 2대는 Z 함대의 방공 화력에 명중돼 군함을 넘어서 바다로 곤두박질치고, 나머지 7대는 방공 화력망을 뚫고 리펄스호에 여러 개의 어뢰를 투하했다.

2만 7천 톤급 리펄스 전함은 연이어 어뢰 4개에 명중된 후 마구 흔들리더니 선미부가 가라앉기 시작했고 뱃머리는 교회당의 첨탑마냥 수면으로 튀어나왔다.

테넌트 함장은 할 수 없이 함선을 포기하라고 명령했다. 함상 전체 인원이 철수를 끝내자마자 리펄스호는 눈 깜짝할 사이에 바다 밑으로 가라앉았고 수면에는 커다란 소용돌이만 남았다.

일본 폭격기 9대가 화력망을 뚫고 이미 어뢰 5개를 맞은 프린스오브웨일스호에 줄폭탄을 떨어뜨렸다. 손상을 입어 통제가 불가능한 3만 5천 톤급 대형 전함은 천천히 가라앉기 시작했고, 필립스는 수병들에게 신속하게 함선을 떠나라고 명령했다.

필립스 상장은 침몰되기 직전의 함교에 서서 멀어져 가는 병사들과 손을 흔들어 작별하고 거대 함선과 함께 바다 속으로 사라졌다.

승리한 일본군 비행기가 돌아간 뒤에서야 싱가포르에서 발진한 영국군 버팔로 비행기 6대
가 방금 전투가 벌어진 바다에 도착했다. 안타깝게도 이들은 서서히 가라앉는 대형 함선과
물에 빠져 파도와 싸우는 병사들만 볼 수 있었다.

프린스오브웨일스호의 침몰은 공중 지원 없이 대포만으로 승리할 수 있었던 해전 시대가
이제 끝났음을 보여주는 사례이다. 런던에서 이 소식을 전해들은 처칠 수상은 놀라움에 그
만 말문이 막혔다.

코타바루 비행장을 점령한 일본 야마시타의 제18사단은 말레이 반도 동해안을 따라 남쪽
으로 돌격해 내려가 서해안에서 공격하는 일본군 제5사단을 엄호했다.

말레이 반도 서쪽 변경을 지키는 영국군 제11인도사단은 장비도, 훈련도 턱없이 부족했는
데, 병사들은 비를 무릅쓰고 아직 완성되지 않은 케다 방어선 진지에 진입해 일본군을 공
격하려 했다.

12월 11일, 야마시타는 비를 맞으며 태국·말라야 서쪽 변경에 집결해 케다 방어선을 돌파하려는 일본군 기계화돌격부대에 지시했다. "오로지 직진이다. 공격을 받아도 차를 세워 싸우지 말고 도로에서 줄곧 조호르바루까지 진격해 나간다. 이런 공격을 '전기드릴전'이라고 한다!"

일본군 제5사단 사헤키 시즈오(佐伯靜夫) 중좌가 지휘하는 돌격대 8백여 명은 전차와 대포의 엄호 아래 바리케이드를 통과하고 변경을 넘어 영국군 케다 방어선을 공격했다. 영국군 제11인도사단 1개 대대 병사들은 미완성된 시멘트 진지에서 완강하게 저항해 일본군의 한 차례 또 한 차례 공격을 물리쳤다.

일본군 대포와 전차의 공격으로 케다 방어선 진지는 하나씩 무너졌고, 전차를 본 적이 없는 인도 병사들은 전차의 공격을 당해내지 못하고 도망쳤다. 일본군은 승세를 몰아 영국 – 인도군을 페락 강까지 몰아붙였으며, 말라야 북부에서 견고하다고 여겼던 케다 방어선은 이틀 만에 일본군에 의해 돌파됐다.

공격 속도를 더 내기 위해 수많은 일본군은 자전거를 타고 도로를 달렸다. 후퇴하던 영국 – 인도군이 온몸을 크리스마스트리처럼 위장하고 수풀 속에 숨어들어 일본군을 향해 간헐적으로 총을 쏘았지만, 일본군은 그들의 공격을 뚫고 신속하게 앞으로 진격했다.

일본군 제18사단은 말레이 반도 동해안에서 공세를 펼쳤는데 영국군 제9인도사단은 계속 패퇴했다. 13일, 일본군은 말라야 북부에 있는 영국군의 마지막 비행장인 콸라테렝가누 비행장을 점령했다.

말레이 반도 서부에서 철수하던 영국군은 일본군의 공세를 저지하고 시간을 벌어 남부 방어진지를 굳건히 하기 위해 도로와 교량을 파괴하고 페락 강 천연요새 일대에 새로운 방어선을 구축했다.

밀림전 훈련을 받은 일본군은 영국군의 정면 방어를 피해 밀림을 뚫고 작은 배로 페락 강 상류에서 영국 – 인도군의 캄파르 진지로 에돌아갔다.

캄파르로 철수한 제11인도사단 잔존 부대는 캄파르 협곡 어귀 천연요새에서 진지를 서둘러 정비하고 바싹 쫓아오는 일본군을 요격했다. 신속하게 진격하던 일본군 제5사단은 인도 병사들의 완강한 저항에 부딪혔고, 치열한 전투를 치르면서 쌍방은 대치 국면에 들어갔다.

바닷길로 캄파르 방어선을 에돌아간 또 다른 일본군 1개 전차중대 돌격대는 캄파르 후방에서 30여km 떨어진 전략적 요충지인 슬림 대교로 곧장 진격했다.

1942년 1월 초, 일본군 돌격대는 슬림 대교를 공격하면서 전차 6대가 파괴됐지만 결국 영국 수비군을 소탕하고 대교를 탈취해 영국 – 인도군의 슬림 강 북쪽 퇴로를 차단했다.

협곡의 천연요새를 지키고 있던 영국 - 인도군 제11인도사단은 퇴로가 적들의 손에 넘어
간 것을 알고 싸울 힘을 잃고 뿔뿔이 도망치거나 항복함으로써 사단 전체가 와해됐다.

1월 7일, 서남태평양 전장 미국, 영국, 네덜란드, 오세아니아 연합군 총사령관 영국군 웨이
블 장군이 말레이 반도 중부전선에 도착했다. 웨이블은 패퇴한 영국 - 인도군에 쿠알라룸
푸르 등 도시를 포기하고 조호르 주로 가서 제8오스트레일리아사단과 합류해 싱가포르를
보위하라고 명령했다.

곧이어 웨이블 장군은 영국의 '난공불락 요새'인 싱가포르 요새를 시찰했다. 요새는 북쪽에서 오는 일본군을 전혀 포격할 수 없도록 모든 대포가 남쪽 바다를 향하고 있었다. 싱가포르가 아무런 방어 조치 없이 적나라하게 드러나 있는 것을 본 웨이블은 놀란 나머지 즉시 런던에 이러한 상황을 알렸다.

웨이블의 보고를 받은 처칠 영국 수상은 '싱가포르 요새' 관련 보도를 쉽게 믿어버렸던 자신을 뼈저리게 후회하면서 부하들에게 경고했다. "20년 동안 구축한 요새에 이런 상황이 나타났다는 것은 정말 말로 표현할 수 없이 부끄러운 일이다."

1월 13일, 아프리카 전장에서 차출된 영국군 스미스 소장이 지휘하는 제18영국사단 증원 부대와 성능이 좋은 토네이도 전투기 50대가 말레이 반도에 도착했다.

그러나 이 부대는 도착하기도 전부터 기진맥진해 있었으며 사기도 높지 않았다. 신식 전투 기 50대 역시 적의 전투기와 수량 면에서 너무 큰 차이가 나 공중전을 치르면서 대부분 파 괴되고 말았다.

1월 15일, 새롭게 전투에 투입된 일본군 친위사단은 비행기와 대포의 엄호 아래 조호르의 영국군 방어선 좌익에서 수비하고 있던 제8오스트레일리아사단을 향해 맹공격했다.

베넷 사단장이 이끄는 제8오스트레일리아사단 병사들은 끝까지 진지를 지키면서 용맹하게 반격했다. 일본군은 많은 사상자를 냈으며 파괴된 전차 여러 대와 수백 구의 시체를 남기고 후퇴했다.

분노한 일본군은 대규모의 폭격기를 동원해 진지를 굳게 지키는 오스트레일리아군을 융단 폭격했다. 제45오스트레일리아여단은 여단장 덩컨 및 대대장 이상 군관들이 전부 전사하는 등 막대한 대가를 치르면서도 일본군의 수차례 공격을 물리치고 진지를 지켜냈다.

21일 밤, 일본군에 퇴로를 차단당한 영국 · 인도 · 오스트레일리아 병사 3백여 명은 오스트레일리아 군관 메하 상위(上尉)의 지휘 아래 소리 높여 군가를 부르며 일본군 진지에 뛰어들어 육박전을 벌여 끝내 포위를 뚫고 싱가포르로 철수했다.

말레이 반도에서 영국군의 마지막 방어선이 붕괴됐다. 1월 30일, 마지막 영국 · 인도 · 오스트레일리아 군이 한밤중에 말레이 반도와 싱가포르를 잇는 기다란 둑을 이용해 철수한 후 둑을 폭파하고 '싱가포르 요새 방어전'을 시작했다.

일본군에 밀려 후퇴하다가 밀림 속에 숨어들었던 영국 – 인도군 병사들이 연달아 일본군에 항복했다. 일본 침략군은 54일 만에 4천6백 명의 사상자를 내고 말라야 전체를 점령했으며, 영국군은 사상자와 체포된 인원이 총 2만 5천 명에 달했다.

말레이 반도는 자전거를 탄 일본군 병사들이 각종 '전리품'을 가득 싣고 계속 남하해 조호르 해협에 집결, 싱가포르 침공을 준비했다.

싱가포르는 말레이 반도 최남단에 있는 섬으로 영국에게는 극동의 상징이었다. 또한 서부 믈라카 해협은 태평양의 길목으로 전략적 위치가 매우 중요했다.

일본군은 싱가포르의 영국군을 기만하기 위해 해협 동쪽 고무나무 숲에서 아침저녁으로 밥 짓는 연기를 대량으로 피우고 가짜 방송국을 설치하는가 하면 야간에는 상향등을 켠 트럭을 계속 오가게 함으로써 대부대가 싱가포르 동북쪽에 상륙할 것이라고 믿게 만들었다.

그리고 일본군 제5사단 주력부대는 비밀리에 조호르 해협 서북쪽에 집결해 그곳 고무나무 숲에 포병진지를 구축하고 작은 배와 뗏목을 준비하는 등 상륙 준비를 했다.

또한 일본군은 대규모의 비행기를 출동시켜 싱가포르에 있는 비행장 4곳을 융단 폭격해 영국 비행기는 거의 전멸되다시피 했다.

이에 싱가포르 주민들이 자발적으로 의용대를 조직해 일본군을 상대로 무장 투쟁할 것을 요구했으나, 영국 식민지 당국은 그들이 반영 봉기를 일으킬까 두려워 저지했다. 이 때문에 들고일어났던 투쟁의지는 금세 사그라들고 말았다.

싱가포르에 있던 십여만 영국, 인도, 오스트레일리아 군은 대부분 말레이 반도에서 일본군에 밀려 후퇴한 패잔병들이었으므로, 사기는 저하되고 전투의지 또한 결여돼 있었다.

2월 7일 저녁 무렵, 일본 친위사단은 일부러 싱가포르 동북쪽 해안을 공격하는 척했다. 날이 어두워지자 일본군 대포 440문이 일제히 싱가포르 북쪽 해안의 영국 군사 표적을 맹공격해 영국군이 그쪽으로 증원하도록 유인했다.

일본군의 맹렬한 포격에 영국, 인도, 오스트레일리아 군의 방어진지 및 철조망 등은 모두 파괴됐고, 셀레타르 해군기지의 대형 기름 탱크가 명중돼 불길이 치솟았으며, 해안은 연기로 뒤덮였다.

일본군 야마시타 도모유키의 제5사단 주력은 싱가포르 서북쪽 늪지대에 상륙한 후 즉시 방어력이 취약한 오스트레일리아군 진지를 맹공격했다. 날이 밝자, 일본군 선두부대는 전차 수십 대의 지원 아래 오스트레일리아군 진지를 돌파하고 곧바로 싱가포르 내지로 진격했다.

싱가포르의 감제고지인 부킷 티마 고지를 수비하던 영국군은 일본군과 치열한 전투를 벌였고, 이튿날 육박전을 거쳐 일본군이 고지를 장악했다.

야마시타 도모유키의 3만 일본군은 치열한 격전을 여러 번 치르면서 이미 기진맥진했고 탄약과 식량도 바닥이 나 10여만이나 되는 영국, 인도, 오스트레일리아 군을 공격할 여력이 없었다. 그러나 교활한 야마시타는 오히려 당당하게 영국군 사령관 퍼시벌에게 항복 권고서를 보냈다.

14일, 일본군은 싱가포르 저수지를 점령해 영국, 인도, 오스트레일리아 군의 식수 공급을
차단했다. 또한 얼마 되지 않는 포탄으로 싱가포르 도심을 포격했다.

15일, 일본군 내부에서는 싱가포르의 전투가 끝날 기미를 보이지 않자 야마시타에게 부대
를 말레이 반도로 철수시키라고 요구하고 있었다. 이런 상황이었지만 이미 전투의지를 상
실한 영국 수비군 사령관 퍼시벌이 백기를 들고 일본군 사령부로 찾아와 항복을 요청했다.

긴장한 퍼시벌이 항복 조건을 말하려 하자 포탄은 거의 남아 있지 않고 병력에서도 열세에 처해 있던 야마시타는 되레 큰소리로 퍼시벌에게 항복할 것인지 말 것인지 그냥 '네', '아니오'로만 말하라고 몰아세웠다.

눈을 부릅뜨고 위협하는 야마시타에 기가 눌린 퍼시벌은 굴욕적으로 머리를 끄덕이고는 항복서에 서명했다.

이튿날 퍼시벌의 지휘 아래 영국, 인도, 오스트레일리아 수비군 13만 명은 3만여 명뿐인 일본군에 각종 화포 740문, 자동차 1만 대 및 대량의 총기와 탄약을 내다 바치고 항복했다.

고작 일본군의 칼자루 아래 포로가 되면서도 그들은 적들에게 철저히 속았다는 사실을 미처 알지 못했다.

대세가 기울었다고 판단한 영국 당국은 급히 함선을 파견해 싱가포르 요새의 해군·공군 지휘관 풀포드 소장과 스푸너 소장 등 중요한 고급 장성들을 태우고 해상으로 철수하려 했다. 그러나 이들은 출항한 지 얼마 안 돼 일본 해군의 추격을 받아 함선을 포기하고 무인 도로 도망쳤다.

풀포드와 스푸너 등 20여 명은 식량과 약품 부족 때문에 얼마 지나지 않아 무인도에서 연 이어 병사하거나 굶어 죽었다.

5월 14일, 무인도에 남아 있던 사람들은 절망에 빠져 공군 중령 앳킨스의 지휘 아래 배를 타고 싱가포르로 되돌아와 일본 점령군에 항복하고 말았다.

일본군은 말라야와 싱가포르를 점령함으로써 전략적 자원인 석유의 공급지 네덜란드령 동인도 군도를 탈취하기 위한 전진기지를 마련했을 뿐만 아니라 남방 작전 계획을 완성할 수 있는 유리한 위치에 서게 됐다.

필리핀은 중요한 해상 교통로로 미국과 일본이 극동에서 서로 차지하기 위해 다투는 전략적 요충지였다. 태평양전쟁이 발발한 후 일본은 필리핀 제도를 점령하기 위해 면밀한 계획을 세웠다. 일본은 평화의 깃발을 내걸고 미 당국을 현혹시키면서 다른 한편으로는 전쟁 준비를 서둘렀다. 일본군의 계획은 전쟁이 시작되고 9일 안에 필리핀의 미국 공군을 섬멸해 미국 해군이 공군의 지원을 받지 못하도록 함으로써 일본군이 필리핀에 쉽게 상륙하는 동시에 극동에서 미국의 해군·공군을 완전히 전멸시키는 것이었다. 결국 상황을 잘못 판단한 미군은 일본군에 계속 밀리게 되고, 필리핀은 일본군에 점령되고 만다.

글 · 우화(武華)
그림 · 자오핑(昭平) · 룽성(龍生) · 샤오치(曉琦)

그림으로 읽는 제2차 세계대전 **8**

일본의 남방 작전과 태평양 전역 1

일본의 필리핀 점령

2

필리핀은 크고 작은 섬 7천여 개로 구성된 섬나라로 금, 동, 니켈, 철, 크롬 등 광물의 매장량이 상당했다. 또한 중국 동남쪽에 위치한 필리핀은 서쪽으로는 남해, 동쪽으로는 태평양이 잇닿아 있어 중국 남해 및 태평양의 교통 요충지로 지리적으로 매우 중요한 곳이었다.

제2차 세계대전 발발 이전, 필리핀은 미국의 극동에서의 최대 해군기지로 주둔군 1만 9천명이 있었으며, 마닐라 만의 카비테와 수빅 만의 올랑가포에는 1개 혼합함대와 각종 작전함 45척이 주둔하고 있었다.

또한 필리핀은 미국의 극동 지역의 최대 공군기지이기도 했는데, 마닐라 부근의 클라크, 니콜라 비행장에는 각종 전투기와 폭격기 2백 대가 있었다.

필리핀은 줄곧 미국과 일본이 서로 다투는 전략적 요충지였다. 일본의 대동아공영권 침략 계획에서 필리핀 점령은 미군을 극동에서 쫓아내기 위한 우선 과제로, 이후 네덜란드령 동인도 제도 점령 작전을 위해서도 필요하고 일본 본토에서 동남아까지의 해상 교통을 통제하기 위해서도 꼭 필요한 일이었다.

1939년 유럽전쟁이 일어난 후, 일본 천황의 어전회의에서, 현 상황은 미국, 프랑스, 네덜란드가 유럽 전장에서 패배해 피해 수습과 대응책 마련으로 어수선하며, 미국은 전략 중점을 유럽에 두고 있으므로 지금이 동남아와 태평양 지역을 손에 넣을 수 있는 최적기라 분석했다.

한번은 루스벨트 미국 대통령이 백악관에서 열린 국제정세자문회의에 참석했는데, 스팀슨 육군 부장이 "최근 일본 최고사령부 부총참모장과 군무국장이 '미국이 필리핀에 주둔하고 있는 것은 일본에 대한 위협으로 일본은 이를 간과해선 안 된다'라고 말하고 있으니, 이에 대한 주의가 필요합니다"라고 말했다.

마셜 미국 육군 참모장도 "극동의 정세가 무척 불안합니다. 일본군이 동남아와 태평양 지역을 호시탐탐 노리고 있어 일촉즉발의 위급한 상황에 처해 있습니다. 각하께서는 결단을 내리셔야 합니다"라고 말했다.

루스벨트는 전세를 분석하고 나서 미국의 전략적 중심은 여전히 유럽에 있음을 강조했다. "태평양 지역에서 우리는 전략적 방어태세를 취해 일본이 남쪽으로 확장하는 것을 억제하기만 하면 되오. 유럽전쟁에서의 승리가 우선이니 태평양 작전구역에는 제한된 인력과 물자를 투입할 수밖에 없소."

루스벨트의 지시에 따라 마셜은 작전명 '레인보우 5호' 태평양 지역 국방 계획을 수립했는데, 주요 내용은 태평양의 원활한 해상 교통을 보장하고 이 지역 미국 수비군이 4~6개월간 방어해야 하며 미국 태평양 함대가 이 지역의 방위를 책임진다는 것이다. 루스벨트 대통령은 이 계획을 승인했다.

1941년 7월 25일, 일본은 인도차이나 남부에 군대를 주둔시키겠다는 성명을 냈다. 이에 미국이 먼저 강력하게 대응했는데, 이튿날 즉시 노무라(野村) 일본 대사에게 외교 공문을 보내고, 미국 내 일본 자산 동결과 함께 석유를 포함한 전면 무역 금지를 선포하는 등 형세가 급변했다.

같은 달, 미국은 필리핀에 극동미군사령부를 세우고 맥아더 상장을 사령관으로 임명했다. 이때부터 실질적인 전쟁 준비에 들어갔으며 수송선으로 병력, 무기와 탄약, 장비를 필리핀 으로 날라 미국 극동군의 방어력을 강화했다.

8, 9월에 일본 최고사령부는 태평양전쟁 작전 계획을 하달했는데, 첫 단계 목표는 진주만 을 기습하는 동시에 필리핀 등지도 함께 공격하는 것이었다.

주필리핀 미군이 일정한 해군·공군력을 보유하고 있다는 점에 근거해, 일본은 대필리핀 작전 계획에서 3일 안에 주필리핀 미국 공군을 소탕하는 동시에 루손 섬에 들어가 비행장을 점령한 후 공군의 엄호 아래 일본군 주력부대가 링가엔 만에 상륙해 마닐라를 점령하기로 했다.

9월 6일, 일본 천황 히로히토는 어전회의를 열고, 10월 하순까지 태평양전쟁 준비를 완벽하게 끝마치라고 지시했다.

외무 · 육군 · 내무의 요직 3개를 겸임하고 있던 도조 히데키는 비밀리에 노무라 주미 대사를 불러들여 일본이 전투 준비에 매진할 수 있도록 미국과의 평화회담을 서둘러 루스벨트 대통령의 경계를 늦추라고 명령했다.

미국으로 돌아온 노무라는 워싱턴 신문기자들에게 가짜 평화의 메시지를 전했다. "어느 누구도 전쟁을 바란다고 믿고 싶지 않다!"

이튿날, 노무라는 백악관에서 루스벨트 미국 대통령과 만나 도조 히데키가 대통령에게 보내는 편지와 함께 그의 발언도 전달했다. "양국은 회담으로 해결하지 못할 문제가 없으며, 일본은 결코 동남아에서 귀국이 소유한 이익을 침범하지 않을 것입니다."

11월 5일, 일본의 어전회의에서는 미국, 영국, 네덜란드 3국과의 전쟁을 결정하고 공격일자를 12월 초로 확정지었다. 곧이어 일본 최고사령부는 군사수뇌회의를 열고 비밀리에 제1호 작전 명령을 하달했다.

일본 최고사령부는 혼마 마사하루(本間雅晴)를 필리핀 원정군 사령관으로 임명하고 휘하에 제14집단군을 두었는데, 2개 사단과 1개 여단 총 5만 7천 명으로 구성됐으며, 전함 43척과 비행기 5백 대를 보유했다. 또한 해군 제3함대, 제11항공함대 및 육군 제5비행대대가 협동 작전하기로 했다.

일본 정찰기는 여러 차례 필리핀 상공에서 연해 섬의 미군, 필리핀군의 병력 및 방어진지 배치 등을 정찰했다.

일본 해군 제3함대, 제11항공함대는 최고사령부의 명령에 따라 어느 황혼이 깃드는 저녁 녘에 타이완 지룽 만에서 출발해 필리핀 부근 해상에 집결한 후 명령을 기다렸다.

같은 시각, 맥아더 극동군 사령관은 마닐라 사령부에서 극동군 고급군사수뇌회의를 열고, 필리핀을 루손 섬 북부, 루손 섬 남부, 비콜 반도, 민다나오 섬, 코레히도르 섬 및 항구의 5개 방어구역으로 나눴다.

남루손부대는 존스 장군의 지휘 아래 바탄 반도와 코레히도르에 시기적으로 늦은 방어진지를 구축하고 있었는데, 방어진지 공사는 1942년 2월경에야 완성될 수 있었다.

12월 8일 마닐라 시간 새벽 3시 40분, 맥아더는 워싱턴에서 걸려온 장거리전화를 받고 일본이 진주만을 급습한 사실을 알게 되면서 예상치 못한 긴급한 상황에 두려움을 느꼈다.

같은 날 오전 9시 30분, 서덜랜드 미 극동군 참모장은 맥아더에게 정찰기가 링가옌 만을 넘어 마닐라로 날아오는 일본 폭격기 무리를 발견했다고 보고했다. 맥아더는 즉시 전화로 주필리핀 미 공군 사령관 브레러턴 장군에게 비행기를 출동시켜 요격하라고 명령했다.

마닐라 방향으로 비행하던 일본 폭격기들은 미국 전투기가 발진해 요격하러 온다는 소식을 전해듣고 급히 항로를 바꿔 도망쳤다. 미군 전투기는 필리핀 상공에서 한참 정찰하다가 기지로 돌아와 서서히 착륙했다.

갑자기 타이완에서 발진한 일본 제5비행집단의 경중폭격기와 호위전투기 5백 대가 마닐라 부근의 클라크와 니콜라 비행장 상공에 떴다. 깜짝 놀란 서덜랜드 참모장이 사무실로 뛰어 들어와 보고했다. "두 곳의 비행장 상공에 대규모의 일본 비행기가 나타났습니다!" 맥아더는 깜짝 놀라 급히 전화했다. "빨리! 공군사령부."

이때, 일본 폭격기는 이미 마닐라 미 공군기지를 무차별 폭격하고 있었다. 비행장은 화약 연기와 화염으로 뒤덮였고 비행장에 세워두었던 비행기 2백 대 가운데 약 백 대가 파손돼 파편들이 하늘에서 춤추고 있었다.

일부 급히 발진해 응전하던 미군 비행기는 우왕좌왕하다 제대로 공격하지 못하고 계속 격추됐다. 이번 기습 공격으로 극동의 미국 공군력은 크게 약화됐고, 일본군은 단번에 공중에서 우위를 점하게 됐다.

같은 날 동틀 무렵, 일본 해군육전대(海軍陸戰隊) 1개 대대가 수송선 6척에 나누어 타고 호위 순양함 2척과 함께 타이완 지룽(基隆)에서 출발해 안개가 자욱한 타이완 해협과 태평양을 가로질러 필리핀으로 항진했다.

8일 당일, 일본의 또 다른 폭격기와 전투기 2백 대가 바탄 제도 전방 진지를 습격했다. 미군은 전투기 50대로 요격했으나 치열한 공중전을 치르면서 미군 비행기가 계속 격추돼 남은 30여 대는 남쪽으로 후퇴했다.

일본 폭격기가 투하한 중량 폭탄은 바탄 전방 진지의 녹채*, 철망, 참호, 요새 등을 모조리 파괴하고 하늘까지 치솟는 불길과 먼지, 연기만 남겨놓았으며, 미국 · 필리핀 지상 수비군은 막대한 피해를 입었다.

*녹채(鹿砦/鹿寨): 〈역사〉 나뭇가지나 나무토막을 사슴뿔처럼 얼기설기 놓거나 막아서 적을 막는 장애물

곧이어 일본 해군육전대가 함포 화력의 엄호 아래 상륙해 강공을 펼쳤고, 미국·필리핀 수비군은 진지에서 일본군의 연이은 공격을 물리치며 적군을 더 진격할 수 없도록 저지하고자 했다. 전투는 더할 수 없이 치열했다.

일본 공군과 함대가 함께 빈틈없이 매서운 공격을 해와 수비군은 막대한 사상을 내고 철수했으며, 바탄 제도는 곧 일본군에 점령됐다.

10일, 바탄 제도를 점령한 일본군은 수송선 6척에 나눠 타고 전함 2척과 비행기 백 대의 화력 지원을 받아 루손 북단의 관문인 카미긴 섬을 공격했다. 북루손 미군 부대 사령관 웨인라이트 장군은 1개 연대를 파견해 이곳에 주둔하고 있었다. 수비군은 해안가에 상륙해 몰려오는 일본군과 치열한 전투를 벌었다.

일본 공군과 함대에서 날아드는 폭탄, 포탄이 연이어 미국 · 필리핀 부대 진지에 떨어져 진지가 파괴됐고 수비군의 피해 또한 커져만 갔다. 웨인라이트 장군은 할 수 없이 철수 명령을 내렸다. 이렇게 카미긴 섬도 일본군에 점령됐다.

같은 날, 일본군 오가와(小川) 소장의 1개 사단은 군함을 타고 루손 섬 북쪽 아파리로 가서 그곳의 수비군을 향해 강공을 펼쳤다. 미국 공군이 일본군 수송선 4척을 격침시켜 일본군은 2개 전투기중대를 증원해 미국 공군중대의 습격을 격퇴했고, 오가와의 해군육전대가 아파리에 상륙하는 것을 엄호했다.

11일, 타이완에서 출발한 일본군 한 무리가 비간 섬에 상륙해 군사적 의의가 있는 이 섬을 점령했다.

팔라우 제도에 있던 일본 모리카와(森川) 장군은 명령에 따라 수송선 12척에 소속사단을
나눠 태우고 남쪽에서 루손 섬을 공격해 남북 협공태세를 이루었다. 12일 황혼녘, 그들은
레가스피 해역에 진입해 공격을 개시했고 격전을 거쳐 그날 저녁 레가스피를 점령했다.

이렇게 해서 루손 남쪽과 북쪽에 상륙한 세 갈래 일본군은 각각 아파리, 비간, 레가스피를
점령하고, 이 세 곳의 전진 비행장을 점거해 마닐라를 협공하기 위한 유리한 조건을 마련
했다.

또한 일본군은 폭격기 3백 대를 출동시켜 마닐라 만 카비테와 수빅 만 올랑가포에 있는 미국 해군기지를 무차별 폭격했다. 이 두 항만에 정박해 있던 순양함 4척과 함재 정찰기 50여 대가 화약 연기와 화염 속에 격침되거나 파손됐다.

미국 공군력은 큰 타격을 입었다. 12월 17일, 공군 사령관 버튼 장군은 겨우 남은 B-17형 신식 폭격기 17대를 이끌고 모두 오스트레일리아로 철수했으며, 수상 전투 함정 몇 대도 함께 이동시켰다. 이로써 일본군이 이 지역의 제공권·제해권을 완전히 장악하게 됐다.

혼마 마사하루 일본 원정군 사령관은 루손 섬을 공격하는 동시에 마쓰자키(松崎) 주타이완 일본군 해군 소장에게 소속 제4진을 이끌고 필리핀에서 두 번째로 큰 섬인 민다나오 섬 공격을 명령했다. 20일, 마쓰자키의 부대는 수송선 25척에 나눠 타고 전함 6척과 함께 민다나오 섬을 공격하기 시작했다.

민다나오 섬의 미국·필리핀 수비부대는 샤프 장군의 지휘 아래 방어에 나섰으나 일본 공군과 함포의 맹렬한 화력에 심한 타격을 입고 후퇴했다. 일본군 제4진은 민다나오 섬에 상륙해 신속하게 섬의 주요 도시인 다바오를 점령했다.

루손 섬 전체를 점령하기 위해 혼마 마사하루는 타이완 지룽에 주둔하고 있던 일본군 주력부대에 루손 섬을 공격하라고 명령했다. 22일 동틀 무렵, 8만 일본군을 싣고 3개 대형으로 나뉜 함대가 루손 섬 링가엔 만 해역에 나타났다.

마닐라 이북 링가엔 만 일대의 수비부대는 장비가 낙후한 필리핀 부대 제11사단과 제22사단으로 모두 북루손부대 미군 사령관 웨인라이트 장군 소속이었다. 3개 지점에 상륙한 일본군이 동시에 공격하자 맹렬한 포화가 섬의 모든 방어시설을 파괴했고, 막대한 피해를 입은 미국 · 필리핀 수비군은 결국 밀리고 말았다.

같은 날, 일본군 제3진은 사령관 히로세(弘瀨) 소장의 지휘 아래 2만 5천여 명을 수송선 21 척에 나눠 태우고 링가엔 만을 공격했으며, 2시간여의 치열한 전투 끝에 수비군을 격퇴하고 상륙했다.

24일 동틀 무렵, 레가스피를 점령한 일본군과 오키나와 제도에서 건너온 일본군은 두 갈래로 나누어 동시에 마닐라 동쪽 라몽 만을 공격했다. 미국·필리핀 수비군은 거세게 저항했으나 일본 공군과 지상부대의 포화로 많은 사상자를 내고 결국 마닐라로 철수했다. 일본군은 재빨리 라몽 만을 점령했다.

25일, 일본군은 홀로 섬에 상륙했다. 17일간 일본군은 모두 9곳에 성공적으로 상륙했고, 필리핀의 미군 방어선은 일본군에게 참담하게 무너졌다. 이제 마닐라의 운명은 시시각각 다가오는 일본군의 침략 위협으로 한 치 앞도 내다볼 수 없게 됐다.

맥아더는 마닐라 연합군 사령부에서 군사수뇌회의를 열고 현재 마닐라는 남북에서 협공 받을 상황에 있음을 알렸다. 이에 서덜랜드 참모장은 마닐라를 포기하고 웨인라이트 장군에게 남북 두 갈래 일본군을 저지하도록 한 후 바탄 반도로 철수해 그곳을 지키자고 건의했다. 회의에 참석한 사람들은 모두 이에 동의했다.

26일, 혼마 마사하루는 마닐라에서 150km 떨어진 곳을 행군하던 중 필리핀 당국과 극동 미군사령부가 모두 바탄으로 이동해 마닐라가 '무방비 도시'가 됐다는 정보를 전해들었다.

혼마 마사하루는 기쁜 나머지 웨인라이트 장군이 이끄는 미국·필리핀 저격부대를 추격하지 않고 원래 작전 계획대로 신속하게 마닐라로 진격했다.

1942년 1월 2일, 일본군은 총 한 번 쏘지 않고 필리핀의 수도 마닐라를 점령했다. 대통령부에는 일본 원정군 사령부가 진주했고 지붕 위에서는 일장기가 나부꼈다.

마닐라에 입성한 일본군이 사방에서 불을 질러 도시 전체는 자욱한 연기와 불길 속에 휩싸였다. 3일 밤낮 동안 불이 꺼지지 않았고, 그 결과 많은 건축물이 파괴되고 마닐라는 거의 폐허가 돼버렸다.

일본군은 도시 전체를 파시즘적으로 통제했으며 곳곳에 일본군 사령관의 포고를 내붙였다. "일본 국민에게 해를 입히는 모든 행위는 필리핀 인질 10명을 총살하는 대가를 치른다.", "일본군 이익에 반하는 모든 행위자는 사형에 처한다."

일본 헌병대는 수많은 마닐라 애국지사들을 체포해 일부는 감옥에 감금하고 일부는 결박한 채 사형장에 끌고 가 총살했다.

일본군은 기관총으로 마구 쏘거나 총검으로 찌르거나 익사시키거나 불태워 죽이거나 차마 입에 담을 수 없는 야만적이고 잔혹한 방법으로 많은 무고한 백성들을 피바다로 몰아넣었다. 사방에 이리저리 너부러진 시체들은 눈뜨고 보기 어려울 정도였다.

또한 일본군은 부녀자를 마구 강간하고 금은보화, 가축 등 재물을 닥치는 대로 빼앗았다.

수많은 주민이 강제로 진지 구축, 탄약 운반 또는 기타 부역으로 내몰렸으며, 마닐라의 주민들은 공포에 떨며 하루하루를 보내야 했다.

맥아더는 코레히도르 요새 사령부에서 군사 수뇌들을 불러 새로운 방어 임무를 배치하고, 첫 번째 방어선은 모롱, 마닐라 만 연안에서 아부카이까지, 두 번째 방어선은 첫 번째 방어선 뒤로 11km가량 되는 곳에, 세 번째 방어선은 마리벨레스 산맥에 두기로 했다.

맥아더는 이를 두고 "바탄과 코레히도르가 마닐라 만 입구를 통제하고 있으므로, 우리가 이 두 곳을 굳건히 지킨다면 적군은 마닐라 만을 사용할 수 없을 것이다. 가령 적군이 마닐라 만을 점령한다 해도 그들이 병을 가졌지만 우리는 그 병의 뚜껑을 가진 것과 같다"라고 말했다.

일본군이 마닐라를 점령하고 8일이 지난 후, 혼마 마사하루 사령관은 일본군 주력부대에 바탄 섬으로 진격하라고 명령했다!

1월 17일, 맥아더는 워싱턴에 전보로 필리핀의 위급한 상황을 설명하며, 비행기와 군대를 증원하고 군사 물자와 식량도 지원해줄 것을 요청했다.

이때, 혼마 마사하루는 제5비행집단과 육군 1개 사단을 남방 전장으로 보내 남방방면군에 귀속시키라는 최고사령부의 명령을 받았다.

열대병이 유행해 병력이 줄어드는 상황에서 일부 부대가 다른 곳으로 차출돼 필리핀 일본군의 전투력은 크게 약화됐다. 28일, 혼마 마사하루는 바탄 반도 공격을 잠시 중지하라고 명령했다.

이로부터 얼마 지나지 않아 일본군은 병력 2만 5천 명과 비행기, 대포 등을 증원받아 혼마는 즉시 제1진에 바탄 섬을 향해 2차 공격을 개시하라고 명령했다.

맥아더의 작전 배치에 따라 웨인라이트 장군의 제1군은 바탄 좌익에 있는 고리 모양 방어선에서, 파커 장군의 제2군은 바탄 우익에서 적군에 맞서기로 했다.

맥아더는 산페르난도 남쪽의 칼룸핏 교를 폭파시켜 적군이 바탄으로 진격하기 위한 통로를 차단하는 동시에 강 서쪽 기슭의 천연요새에서 일본군을 공격하라고 명령했다.

일본군 제1진 3만 명은 칼룸핏 교 동쪽 기슭에서 미군의 공격으로 발이 묶였다. 일본군은
공군과 지상부대의 엄호 아래 공병부대가 설치한 임시 다리를 이용해 강을 건너 신속하게
서쪽 기슭으로 돌격했다.

일본군 비행기는 100대를 한 무리로 하여 바탄 좌익 방어선을 융단 폭격했고, 폭탄이 계속
전방 진지에 떨어져 미군의 참호, 요새가 연이어 파괴됐다. 반면 미군은 탄약이 부족해 고
사포로 일본 비행기를 사격했지만 아무 소용이 없었다.

일본군은 지상 포화와 공군의 폭격으로 바탄 좌익 방어선을 맹공격했다. 웨인라이트가 지휘하는 미국 - 필리핀 제1군은 진지를 사수하면서 일본군을 강 서쪽의 드넓은 모래사장에서 더는 전진하지 못하도록 막았다.

니시무라(西村) 사령관이 이끄는 일본군 제2진은 수송선 25척을 타고 에돌아가 바탄 서쪽 해상에서 파커 장군의 미국 - 필리핀 제2군단 수비부대의 진지를 습격했다. 바탄 우익 방어선은 불바다로 변했고, 미국 - 필리핀 제2군단은 모래사장 방어선에서 일본군의 공격에 맞서 치열한 격전을 벌였다.

혼마 일본군 사령관은 제1진 지휘관을 불러 바탄 점령에 대해 상의했다. 그가 "미군이 여전히 완강하게 저항하고 있어 아군은 앞으로 나아갈 수가 없습니다"라고 하자 혼마는 "다른 지방 주민을 많이 끌어다 바탄에 몰아넣으면 식량 공급이 힘들어져 공격하지 않아도 스스로 무너질 것이다"라고 자신 있게 말했다.

이튿날, 일본군은 바탄 섬 북쪽 삼발레스 성의 주민들을 바탄으로 내몰았고, 많은 주민들이 노인과 아이들을 이끌고 방어선을 넘어 물밀 듯이 바탄으로 몰려갔다.

바탄 시내 곳곳에는 굶주린 노인과 아이들이 구걸하러 다녔다. 미군 당국은 난민 구제를 위해 병사들의 식량을 필수 보급량의 4분의 1로 줄였고, 병사들은 1인당 하루에 천 칼로리 열량의 음식으로 연명해야 했다.

혼마 사령관은 굶주림이 미군을 굴복시킬 수 있을 거라 생각하고, 1월 10일 맥아더에게 편지를 보내 대표를 파견해 항복 조건을 협상할 것을 촉구했지만 맥아더는 이를 무시했다.

미군의 사기를 떨어뜨리기 위해 혼마는 공군에 미군 진지와 바탄 시내에 무기를 버리고
항복하는 것만이 살길이라고 선전하는 전단지 살포를 명령했다.

일본이 마닐라에 새로 설치한 방송국에서는 '도쿄장미'라 불리는 여 아나운서가 감미로운
목소리로 밤낮없이 혼마가 맥아더에게 보낸 항복권고서를 방송으로 내보냈다.

이와 함께, 일본군은 쌍엔진폭격기 연대를 파견해 바탄 섬의 미군 병영을 융단 폭격했다. 병영 여기저기가 불타는 중에 5백 파운드짜리 폭탄 하나가 사령부의 맥아더 사무실에 떨어져 지붕이 날아갔지만, 맥아더는 마침 지하실에 숨어 있어 죽음을 면할 수 있었다. 이후 맥아더는 사령부를 마린타 터널로 옮겼다.

바탄 방어전은 9주일 동안 지속됐다. 바탄을 사수하던 맥아더 미군 사령관은 루스벨트 대통령으로부터 "필요한 경우, 장군이 항복을 결정하도록 위임한다"라고 쓴 편지를 받았다.

이틀 후, 마셜 장군이 해저선을 이용한 통화에서 맥아더에게 남태평양의 상황이 매우 긴박하므로 부인을 데리고 잠수정으로 바탄에서 오스트레일리아로 가 새로운 임무를 맡으라고 지시했다.

3월 10일, 맥아더는 오스트레일리아로 건너가 남태평양 미군 사령관에 부임하기로 하고, 웨인라이트 장군에게 그를 대신해 지휘하도록 국방 사무를 인수인계했다.

그날 밤, 맥아더는 부인과 함께 해변 부두에 정박해 있던 '41호' 어뢰정에 올랐다. 그들은 갑판 위에 서서 일본군에 포위된 외딴 섬 바탄을 한참 바라보다가 어뢰쾌속정 3척의 호위를 받으며 순식간에 망망대해 속으로 사라졌다.

이후에도 미군은 수십 일간 더 버티다가 고립무원의 상황에서, 4월 9일 바탄 수비군 7만 5천 명이 명령을 받고 일본군에 항복했다.

전투는 미군 사령관 웨인라이트 장군이 주둔하고 있는 코레히도르로 옮겨갔다. 이 섬은 바탄 반도에서 3km밖에 떨어지지 않아 해협 맞은편에서 오는 일본군의 중포 포격으로 섬의 방어진지와 배수시스템, 메인밸브 등이 모두 파괴됐다.

5월 4일, 일본군은 또다시 포탄 1만 6천여 발을 발사해 미군 진지를 거의 평지로 만들어버렸고, 수비군은 막대한 피해를 입었다.

5일 자정. 일본군 2천 명이 해협을 건너 코레히도르 해안에 상륙하다가 미국·필리핀 군대의 저항에 부딪혀 절반 이상의 병력을 잃었다. 그러나 일본군이 곧 전차 3대를 투입하면서 전세는 급변해 미국-필리핀 수비군의 방어선이 금세 뚫리고 수비군은 후퇴했다.

줄곧 코레히도르에서 전투를 지휘하던 미군 사령관 웨인라이트 장군은 무모한 희생을 줄이기 위해 방송으로 항복서를 발표했다.

일본군은 항복한 전쟁 포로를 바탄 남쪽 메리빌에서 산페르난도 포로 수용소까지 도보로
이동시켰는데, 천여km에 이르는 구릉과 늪지대를 지나야 했다. 뜨겁게 내리쬐는 태양 아
래서 제대로 쉬지도 못하고 걸어야 했으므로 많은 포로들이 길에서 죽어 나갔다.

압송 임무를 맡은 일본군은 포로를 구타하거나 살해하는 등 악행을 저질렀으며, 목적지에
도착할 즈음 사망한 포로는 이미 수천 명에 달했다. 이에 미군은 이 행군을 일러 '바탄 죽
음의 행진'이라 한다.

당시 필리핀 남쪽 여러 섬에 남아 있던 미국 · 필리핀 부대 수만 명은 모두 웨인라이트 장군의 항복 명령을 거부하고 일부는 깊은 산 밀림 속에 숨어 들어가 투쟁을 이어갔다. 6월 8일, 필리핀 전체가 점령됐다.

필리핀을 손에 넣은 후 일본군은 필리핀 제도와 말라야를 거점으로 좌우 양쪽에서 네덜란드령 동인도 제도를 포위하고, 침략전쟁 확대를 위한 준비를 마쳤다.